우리 개

주인에겐 절대 순종하며
석기시대부터 이 땅에 살아온
영리하고 대담한 진돗개,
세계가 탐을 내는 우리 개.

개마고원 험한 곳에서 살아
나쁜 환경, 거친 먹이에도
건강하게 잘 크는 풍산개,
호랑이도 잡는다는 사냥개.

경치 좋은 소백산맥이 고향인
긴 털에 눈이 맑은 털북숭이,
귀신도 잡을 만큼 용맹스러운
귀염둥이 청삽사리, 황삽사리.

이 책을 만들기까지 도움주신 분들

사진작가

- **김수만**
(사)한국자연다큐멘터리 제작자협회 부회장, 한국생태사진가협회 회장.
KBS 〈독도 365일〉, EBS 〈물총새 부부의 여름나기〉, MBC 자연 다큐멘터리 〈청호반새의 여름사냥〉, 〈저어새의 꿈〉, 〈현충원에 친구들〉 등 자연다큐멘터리, 영상물 제작사 자연다큐를 운영하고 계십니다.

- **윤순태**
현재 docukorea 대표
한국수달보호협회 경기도지회지회장, 한국자연다큐 제작자협의회 회원
한국어류학회회원, 천연기념물 어름치 금강복원 연구원, 멸종위기종 미호종개복원 연구원으로 계십니다.

- **김종기**
현재 들꽃세상(www.flworld.co.kr) 운영자.
식물의 생태를 관찰하여 알려주는 생태 사진 작가로 활동 중이십니다.
인터넷 사이트를 운영하시며 많은 사진 자료를 보급하고 계십니다.

- **조영권**
현재 〈자연과 생태〉 편집장으로 생태 다큐멘터리 작가.
'곤충 세계 대 탐험전'과 '곤충의 신비전' 등 전시회를 열기도 했으며, 자연보호협회의 생태 조사 전문 위원으로 수도권의 곤충 분포 조사를 했고, 환경운동연합과 함께 곤충 탐사 프로그램을 진행했습니다.

- **홍성관**
현재 한국출판사진가협회 회원, BOOM STUDIO 운영.
(주) 국민서관 사진팀 근무, 월간 〈자연관 어린이〉, 자연 과학 전집 〈키디사이언스〉 등 많은 작업을 하셨습니다.

- **김병주**
현재 매거진 세상디지털 사진부 실장, 필스튜디오 대표.
서울, 부산 광고전문 스튜디오 근무. 1995년 광고사진전문 스튜디오 오픈, 전 아이러브제주 사진부 실장을 지내셨습니다.

동시 | 김종상
국제펜클럽한국본부 수석부이사장, 한국문인협회 이사, 유석초등학교 교장.
〈서울신문〉 신춘문예 동시 당선으로 작품 활동, 대한민국문학상 본상(동시), 어린이문화대상 본상(동화) 수상하셨고, 저서로는 동시집 〈꽃들은 무슨 생각할까〉, 동화집 〈재주 많은 왕자〉 등 다수가 있습니다.

논술 | 정명숙
국제펜클럽한국본부 회원, 한국아동문학인협회 회원, 유석초등학교 교사.
한국교육신문사 꽁트부문 우수상, 월간수필문학 신인상 당선, 저서로는 〈황금을 쏟아내는 돌사자〉, 〈새교과서 수학동화〉 등 다수가 있습니다.

교정 | 곽선하
서울대학교 생물교육과를 전공하고 창덕여자중학교 교사, 현재 청운중학교 교사로 계십니다.

교정 | 안지혁
서울 초등 교육 35년간 근무.
자연 전공, 서울 경일초등학교에서 어린이들을 가르치셨고 현재 박물관 대학원에 다니십니다.

세밀화 | 김승연
현재 프리랜서 일러스트레이터로 활동하고 계십니다.
소년 소녀 가장돕기 동시화전에 4회 출품하셨으며, 교과서 삽화와 위인전기, 창작동화, 전래동화 등 많은 그림을 그리셨습니다.

세밀화 | 김백송
광고기획실 운영 및 광고 일러스트레이터로 활동하고 계십니다.
작품으로는 테마 위인동화 〈마젤란〉, 〈아인슈타인〉, 〈어린이 팔만대장경〉, 〈원리친구 원리과학〉 등 다수가 있습니다.

부록작가
- **칼라믹스 | 백영희** (한국칼라믹스 중앙협회 부회장)
- **종이접기 | 하진희** (한국 종이접기 목동 교실 원장)
- **생태학교 | 조영권** (자연과 생태 편집장)
- **도감 | 이종배**

글 | 예종화
아동문학가. 특히 유아대상 자연관찰을 기획 · 집필하고 계십니다.
주요 경력은 다년간 일본 강담사(講談社) 해외 편집부 근무하셨습니다.
대표적인 자연 과학 기획물은 〈하이디 과학탐구〉 전 80권, 〈신비한 플랑크톤 자연관찰〉 전 30권, 〈애니콜 자연과학탐구〉 전 60권, 〈방글방글 자연방 이야기〉 전 60권, 〈도담도담 자연관찰〉 전 60권, 〈똑똑 자연 톡톡 관찰〉 전 80권 등 많은 자연 과학을 기획 · 집필 하셨습니다.

글 | 김영이
오랜 동안 중 · 고등 학생 대상의 참고서 및 문제집 등을 집필 · 편집해 온 경력을 바탕으로, 지금껏 어린이들을 위한 아동 과학 도서 및 위인전, 동화 등을 집필하고 계십니다.
쓴 책으로는 〈도담도담 자연관찰〉 전 60권, 〈원리친구 과학동화〉 전 64권, 〈그림 삼국유사〉 전 36권, 〈똑똑 자연 톡톡 관찰〉 전 80권, 〈테마 위인동화〉 시리즈 외에 다수가 있습니다.

· 도움 받은 곳 ·
양주 진돗개 농원, 용인 풍산 농원, 동양대학교 고승태 교수님, 홍천 구름 속의 산책, 제줏개 연구회 회장(배기환)

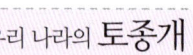 

우리 나라의 **토종개**

- 펴낸 이 · 이행순
- 펴낸 곳 · (주)한국글렌도만
- 출판등록 · 1996년 1월 25일
- 주소 · 서울시 종로구 충신동 25-36
- 공급처 · (주)한국슈타이너
- 대표 · 조창호
- 전화 · 02)741-4621
- FAX · 02)765-4584
- 기획총괄 · 예종화
- 기획주간 · 김영이
- 편집진행 · 조정희
- 교정 · 곽선하, 안지혁
- 디자인 · 강대현, 정세화, 한수지, 박진영, 서영란
  손은숙, 김우형, 권신혜(표지)
- 사진제공 · 타임스페이스 - Minden picture, photopark / (주)토트랩
  이미지클릭 - NHPA, photo research / 예상해(名品企劃)

2007 ⓒ steiner korea

● 잘못 만들어진 책은 바꾸어 드립니다.

ISBN 89-16-03652-6
ISBN 89-16-03576-7 (세트)

이 책에 실린 글과 그림 등의 저작권은 (주)한국글렌도만에 있습니다.
본사의 허락없이 이 책에 실린 내용의 일부 또는 전체를 어떤 형태로든 변조하거나 무단 복제하는 것은 법으로 금지되어 있습니다.

테마별 자연 나라, 생태 탐구 자연관찰

50_동물

우리 나라의
토종개

(주)한국슈타이너

영리하고 씩씩한 진돗개

진돗개는 세계적으로 손꼽히는 개예요.
영리하고 씩씩하며 주인에게는
더할 수 없이 충성스러운 명견이지요.
사냥에도 최고의 솜씨를 가졌어요.
행동이 재빠르고 집중력이 뛰어나며,
두려움이 없거든요.
꿩, 노루, 멧돼지 사냥까지 최고이지요.

▼ 전라 남도 진도 원산으로
천연기념물 제53호예요.

과학 이야기
한국 고유의 명견, 진돗개

진돗개는 충직성, 귀소성, 용맹성, 수렵성을 갖춘 명견으로 1962년 천연기념물 제53호로 지정되었어요. 이후 진돗개는 등록과 심사를 거쳐 잡견과 견표를 달지 않은 개는 도태시키고, 다른 품종과의 혼혈을 방지하기 위해 백구 마을과 황구 마을로 구분하여 키우는 등 문화재관리법과 한국진돗개보호육성법에 따라 보호·육성되고 있어요.

꼬리
굵고 힘차게 말아 올리거나 들려 있어요.

귀
비교적 작은 세모꼴의 귀는 선 채로 앞쪽으로 약간 기울어져 있어요.

등
등이 곧고 어깨부터 엉덩이 쪽으로 약간 비스듬하게 경사를 이루고 있어요.

혀
건강한 붉은색이에요. 푸른 점이 있으면 순수 혈통이 아니에요.

다리
곧게 뻗어 있으며 강한 탄력이 있어요.

눈
황구는 눈꼬리가 위로 올라가고
눈빛이 짙은 갈색이에요.
백구는 회청색이 많아요.

코
검정색이며, 백구의 경우
회색빛을 띠기도 해요.

다부진 몸매의 진돗개

진돗개는 크지도 작지도 않은 체격에,
골격이 매우 다부지고 튼튼해요.
팔각형 얼굴에 검붉은 두 눈은 활기차고
눈꼬리는 약간 치켜 올라가 있지요.
세모꼴의 귀는 꼿꼿이 서 있고,
꼬리는 등 쪽으로 둥글게 말려 있으며,
튼튼한 네 다리는 똑바로 쭉 뻗었지요.

← 진돗개는 깨끗함을 좋아해서 스스로
불결한 곳을 찾아 대소변을 누고 가려요.

➜ 진돗개의 꼬리털은 몸털에 비해 약간 길고, 꼬리의 길이는 내려뜨렸을 때 뒷다리 오금까지 닿아요.

⬇ 진돗개는 1년에 새끼를 두 번, 한 배에 3~8마리를 낳아요.

새끼를 사랑하는 진돗개

진돗개는 새끼를 낳으면 곁에서
온종일 젖을 먹이며 꼼짝도 안 해요.
누구든 다가오면 이빨을 드러내고
으르렁대며 경계해요.
새끼들 사랑이 극진하거든요.
새끼가 태어난 지 4주일쯤 되면,
부드러운 먹이를 물어다 주거나
반쯤 소화된 먹이를 토해서 먹게도 해요.

↑ 새끼는 6~7주간 젖을 먹지만 4주 가량 되면 연한 먹이나 어미가 토해 낸 반소화된 먹이를 먹기 시작해요.

↓ 진돗개는 황색과 백색을 기준으로 삼으나 검정색, 재색, 호랑이무늬도 드물게 있어요.

▼ 털이 하얀 백구예요. 귀와 정강이 끝에 노란 털이 있는 것은 상관 없지만 다른 색깔이 있으면 백구로 인정되지 않아요.

▼ 네눈박이 진돗개예요. 두 눈 위, 양 볼, 턱 밑, 가슴, 배 등에 흰 점 또는 누런 점이 있어서 더욱 용맹스럽게 보여요.

↑ 털 색깔이 누런 황구는 진돗개답게 가슴이 잘 발달돼 있어요.

털 색깔에 따라 다른 호칭

진돗개는 털 색깔에 따라 백구, 황구, 흑구, 재구, 네눈박이, 호구, 점박이 등 이름도 여러 가지로 불리워요.
코 색깔은 검은색이 원칙이에요.
하지만 백구 중에는 엷은 붉은빛을 띄는 것도 있어요.
나머지는 입도 코도 검정색이에요.
모두 다 용맹스럽고 충성심 많고 멀리 가서도 집을 찾아올 만큼 똑똑하지요.(★)

추위에 강하고 용맹한 풍산개

풍산개는 개마고원 일대에서 사냥개로
이름을 떨친 우리 나라 토종개예요.
사람에게는 온순하지만 동물 앞에서는
민첩하고 용맹스럽기 짝이 없지요.
추위에도 강하고, 후각과 청각이 뛰어나
겨울철 사냥에 타고난 재주를 가진
사납고 용맹스러운 개이지요.

▼ 풍산개는 진돗개보다 약간 큰 개로,
북한 천연기념물 제128호로 지정되어
보호받고 있어요.

▼ 풍산개는 몸길이 60~65cm, 어깨높이 55~60cm, 몸무게 20~30kg쯤 되는 중대형 개예요.

⬆ 털은 길고 부드러우며 꼬리는 말려 있어요.

⬆ 두 귀는 곧추 앞으로 선 것과 3분의 2정도 처진 형태가 있어요.

꼬리
꼬리는 힘있고 굵은 긴 털이 나 있어서 잘 때 배를 덮어서 몸을 따뜻하게 해요.

털
추운 지방 기후에 알맞게 빽빽하게 난 속털과, 길고 거친 겉털이 이중으로 나 있어요.

발
통통하게 생긴데다 발톱이 날카로워요.

뒷다리
여덟 팔(八)자로 벌어져서 힘쓰기 좋게 생겼어요.

턱 밑에 작은 혹이 있는 개

풍산개는 짧은 털이 눈 속에서 뒹굴어도
춥지 않을 만큼 빽빽하게 나 있어요.
속털과 겉털이 이중으로 있기 때문이에요.
크고 둥그스름한 머리에,
턱 밑에 작은 혹이 있는 게 특징이지요.
세모꼴의 귀는 양 옆에 곧게 선 것과,
끄트머리가 앞으로 처진 것이 있어요.

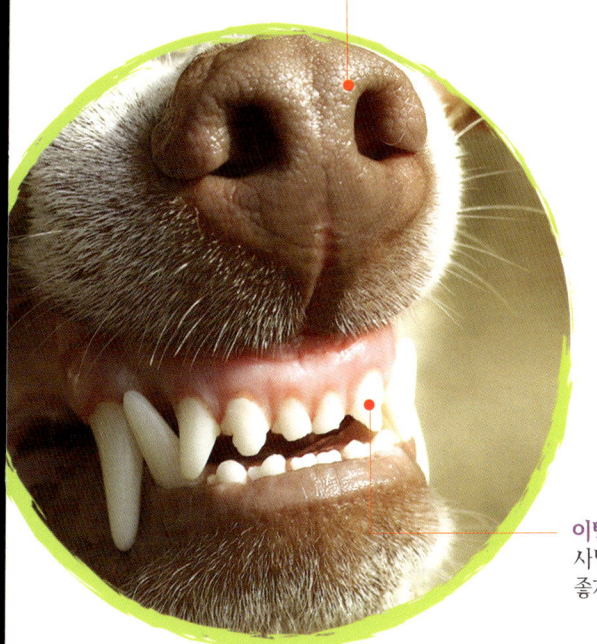

코
코 언저리는 엷은 붉은색이에요.

이빨
사냥감을 물어뜯기 좋게 날카로워요.

↓ 풍산개는 영하 20~30℃ 되는 곳에서도 잘 적응할 만큼 추위에 강해요.

← 진돗개

비호처럼 재빠른 풍산개

풍산개는 멍멍 짖는 소리가 우렁차고, 사냥감을 보면 절대로 놓치지 않는 끈질긴 고집이 있어요.
적수와 싸우거나 사냥할 때는 비호처럼 재빠르고 용맹하지요.
하지만 어린 새끼들한테만은 언제나 자애롭고 사랑이 넘쳐 흐르지요.(★)

↑ 풍산개는 경계심이 강하고 영리하며 동작이 빠르고 용맹해요.

▼ 풍산개는 질병과 추위에 잘 견딜 만큼 체질이 강한 특성이 있어요.

귀신과 액운을 쫓는 삽살개

삽살개는 신라 시대부터 왕실과 귀족들의 사랑을 받아 온 우리 나라 토종개예요. '삽살개'란 이름에는 귀신이나 액운을 쫓고 복을 가져다 주는 개라는 뜻이 담겨 있어요. 제 몸에 물을 적셔서 불에 타 죽을 뻔한 주인의 목숨을 살려 냈다는 이야기도 전해 올 만큼 의롭고 충직스러운 개이지요.

↑ 풍산개는 사냥감을 보면 끝까지 물고 늘어지는 기질이 있어요.

↓ 풍산개는 한 배에 5~8마리의 새끼를 낳아요.

↓ 삽살개는 천연기념물 제368호로 털이 긴 특징이 있는데, 특히 머리의 털이 눈을 가릴 만큼 길어서 '사자개'라고도 불리워요.

◀ 삽살개는 기다란 털이 눈을 덮어서 어수룩해 보이지만 학습 능력이나 운동 능력이 뛰어나요.

▼ 삽살개는 무리끼리 잘 다니지만 경쟁 관계의 동물에 대해서는 좀처럼 물러서는 법이 없어요.

◀ 두 귀는 다른 개에 비해 크며 긴 털이 빽빽하게 나 있어요.

▶ 발바닥이 두껍고 단단하여 먼 거리도 잘 걸을 수 있어요.

유별나게 털이 긴 장발족

삽살개는 털이 긴 장발족이에요.
기다란 털이 온몸을 감싸고 있고,
두 눈은 거의 털에 가려져 있지요.
눈이나 비를 맞아도 좀처럼
감기에 걸리지 않고,
한여름 땡볕에서도 잘 뛰놀 만큼
체질이 건강한 개이지요.

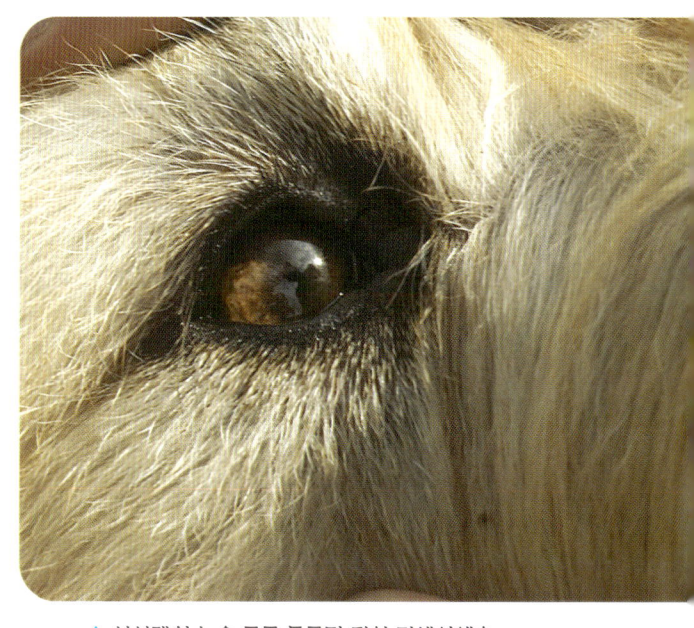

▲ 삽살개의 눈은 크고 둥글며 진한 갈색이에요.

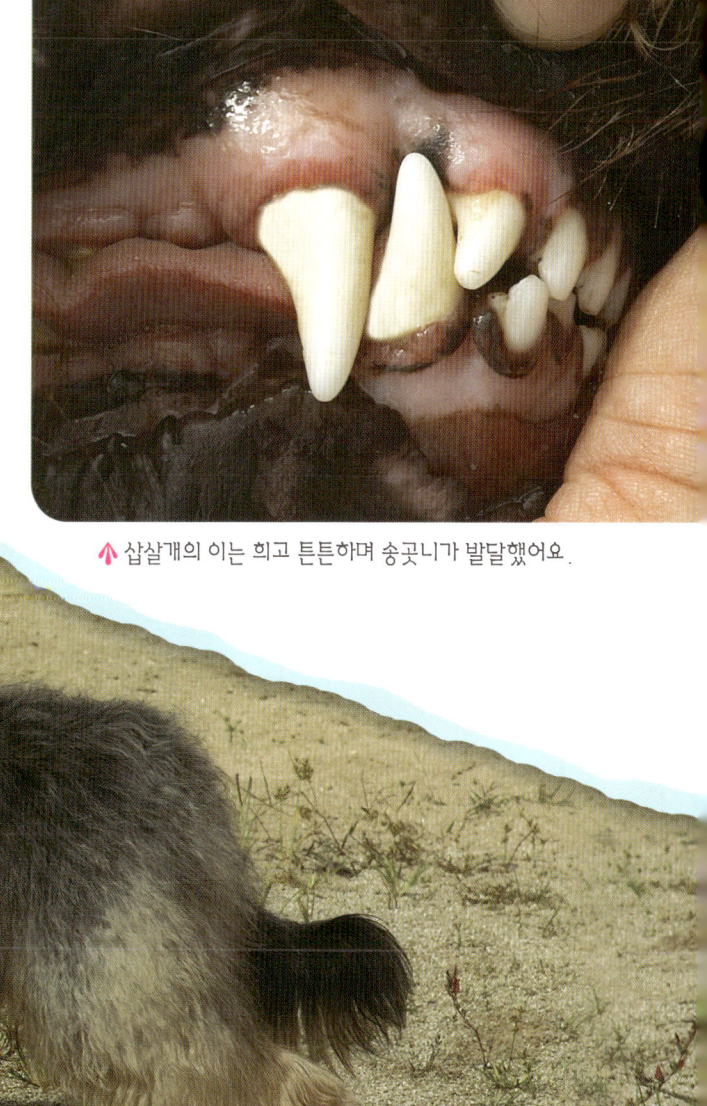

▲ 삽살개의 이는 희고 튼튼하며 송곳니가 발달했어요.

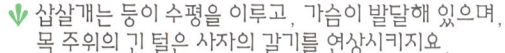

▼ 삽살개는 등이 수평을 이루고, 가슴이 발달해 있으며,
목 주위의 긴 털은 사자의 갈기를 연상시키지요.

↑ 황삽사리는 태어날 때는 누런색이나 검정색이 섞여 있지만 털갈이 후에는 진한 누런색으로 변해요.

청삽사리와 황삽사리

삽살개는 털이 곧거나 곱슬곱슬해요.
털 색깔에 따라 별명도 있지요.
기다란 검은 털에 옅은 회색 털이
적당히 섞여 있으면 청삽사리,
누런 털에 흰 털과 검정 털이 섞여서
다양한 누런 색깔을 띠고 있으면
황삽사리라고 부르지요.(★)

→ 황삽사리는 청삽사리에 비해 몸집이 약간 큰 편이에요.

↓ 청삽사리는 태어날 때는 온통 검정색이지만 4~6개월 지나면 검정 털과 옅은 회색 털이 적당히 섞여서 나와요.

눈
눈빛이 붉은빛을 띠어요.

코
불그스레하고 윤기가 나요.

이빨
입을 다물고 있을 때도 늑대처럼 송곳니가 그대로 드러나 보여요.

몸이 온통 붉은 불개

온몸이 붉은빛을 띠는 토종개도 있어요.
털은 물론 코·눈·발톱까지도
온통 붉은빛이지요.
그래서 이름도 붉은 개라는 뜻에서
'불개'로 불리우게 되었대요.
그런데 사람들이 '약개'라며 마구
보신용으로 잡아서 멸종될 뻔하다
간신히 자손을 이어 가게 되었답니다.(★)

🔻 불개는 소백산에 살던 개와 집에서 키우던 개가 교배하여 태어난 것으로 추정하고 있어요.

⬆ 불개는 긴 털이 나 있는 꼬리를 위로 올리기도 하고 아래로 늘어뜨리기도 해요.

⬆ 불개는 발바닥이 늑대의 후손답게 생겨서 나무를 잘 타고 올라가요.

⬆ 불개는 영주, 안동, 의성 등지에 분포하는 토종개로 온몸의 털이 붉은색이에요.

꼬리가 없어 천대받은 댕견

꼬리가 아예 없거나 흔적처럼 짧게
남아 있는 개도 있어요.
예전에 경주 일대에서 많이 키웠지만
지금은 구경조차 하기 힘들지요.
꼬리가 없다는 이유로 사람들이
천대하며 재수 없다고
하나 둘 없애 버렸기 때문이에요.(★)

↙ 댕견은 '동경이'라고도 불리우는데 꼬리가 아예 없거나 아주 짧아요.

← 댕견은 사람들의 잘못된 생각으로 멸종 위기에 처해 있는 토종개예요.

꼬리를 세우고 있는 제줏개

육지와 뚝 떨어진 제주특별자치도에도
제주특별자치도 고유의 토종개가 있어요.
여우를 닮은 머리 모양새에
행동이 재빠르고 영리해서 노루,
꿩, 오소리 사냥도 잘 하지요.
생김새나 재빠른 행동이 진돗개를
퍽 많이 닮았어요. 하지만 꼬리는
늘 꼿꼿이 세우고 다니지요.(★)

↑ 제줏개 새끼는 5개월쯤 지나면 귀가 곧게 서며, 10개월쯤 되면 성숙해요.

↓ 제줏개는 해방 이후 사람들이 식용으로 잡아 없애거나 잡종견과 교잡시켜 지금은 보기 힘들게 되었어요.

과학 이야기
제주특별자치도 특산의 제줏개

제줏개는 제주특별자치도에만 있는 특산개예요. 생긴 모습이나 사냥을 잘 하는 솜씨가 진돗개를 퍽 많이 닮았지요. 하지만 진돗개가 꼬리를 말아 올리고 있는 것과 달리, 제줏개는 늘 꼬리를 꼿꼿이 세우고 있어요. 털 색깔은 누런 색깔이 많으며, 어려서는 귀가 처져 있으나 5개월쯤 지나면 귀가 곧게 서며, 10개월이면 다 자라 어른개가 되지요.

▼ 제줏개는 몸길이 49~55cm, 몸무게 12~16kg 정도이며, 수명은 15년 안팎이에요.

우리 나라의 토종개

진돗개의 특성과 기원

토종개는 우리 나라 기후와 풍토에 수백 년 이상 적응하여 살아온 개를 말합니다. 우리 나라 토종개에는 여러 종류가 있습니다. 그 가운데 특히 진돗개는 우리 나라 특산의 토종견으로 세계적으로 우수성을 인정받은 개입니다.

진돗개의 기원에 대해서는 석기 시대부터 진도의 기후와 풍토에 적응해 내려왔다는 학자들의 주장도 있으나, 중국이나 몽골에서 유입되었다는 설이 지배적입니다. 진도는 지금은 육지와 다리로 이어져 있지만, 얼마 전만 해도 육지와 떨어진 섬이었습니다. 덕분에 진돗개는 지금껏 혈통을 보존해 올 수 있었습니다.

↑ 진돗개-진도 원산으로 세계적으로 우수성을 인정받은 명견이에요.

↑ 진돗개는 멀리서도 혼자 집을 찾아올 만큼 영리하고 귀소성이 강해요.

↑ 털이 까만 네눈박이 어린 진돗개가 어미 곁에 있어요.

진돗개의 외모와 체형

1979년 11월 23일자로 제정된 한국진도견보호육성법에 의거해 시행하는 진돗개 표준형은 아래와 같은 사항들을 담고 있습니다.

첫째, 외모는 암수의 식별이 뚜렷하고 전체적으로 균형이 잡힌 중형견으로 민첩한 외모를 갖추고, 수컷의 경우 몸높이는 45~58cm, 암컷은 43~53cm입니다.

둘째, 머리는 정면에서 볼 때 거의 팔각형으로 보이고, 얼굴 표정은 친절하고 예민해야 합니다.

셋째, 등은 튼튼하고 직선이며, 등의 앞부분이 약간 높아야 합니다. 또, 가슴이 발달하고 배는 밑으로 처지지 않아야 합니다. 꼬리는 몸에 알맞게 굵고 힘있게 말아 올려져 있으며, 정강이에 닿아야 합니다.

과학 4-2의 1단원 '동물의 생김새', 6-1의 5단원 '주변의 생물'과 관련하여 우리 나라 토종개의 종류와 생김새 및 특징에 대하여 알아봅니다.

맹수를 사냥하던 풍산개

풍산개는 남쪽의 진돗개에 견줄 만한 개로, 북한에서도 1964년 천연기념물 제128호로 지정하여 국가적인 보호를 받고 있는 개입니다. 현재 북한의 량강도 김형권군 풍산, 갑산, 혜산이 위치한 개마고원 일대의 산악 지방에서 맹수를 사냥하던 사냥개로 이름을 떨친 개입니다.

몸높이 50~65cm, 몸무게 20~30kg 되는 중대형 개로, 몸 전체에 황백색 또는 회백색 털이 빽빽이 덮여 있으며 동작이 빠르고 영리합니다. 뿐만 아니라, 추위와 질병에 강하며 후각과 청각이 매우 발달하여 천부적으로 사냥개로서의 자질을 타고났습니다.

↑ 풍산개-함경북도 풍산 원산으로 용맹하고 행동이 매우 민첩해요.

↑ 삽살개-이름에 악귀를 쫓고 복을 불러들인다는 뜻이 담겨 있는 개로, 신라 때부터 우리 풍토에 적응해 온 개예요.

털이 기다란 삽살개

삽살개는 신라 시대부터 사랑받아 온 토종개입니다. 당시 신라 왕실과 귀족들은 삽살개를 액운을 쫓아 내고 나라를 지키는 수호 동물로 키웠다고 합니다. 그러나 근대에 이르러 일제의 민족 문화 말살 정책으로 그 수가 급격히 줄어 멸종 위기에까지 이른 적도 있습니다. 이후 애견가들의 보호와 보존 노력으로 1992년 천연기념물 제368호 '경산의 삽살개'로 지정·보호되어 오고 있습니다.

그 밖의 토종개들

우리 나라 토종개로는 진돗개, 풍산개, 삽살개 외에도 여러 종류가 있습니다. 온몸이 붉은 불개, 꼬리가 없는 댕견, 제주특별자치도의 제줏개 등이 있습니다.

그런데 이들은 한결같이 멸종 위기에 처해 있습니다. 불개는 '약개'라는 별명에서 보듯, 사람들의 몸 보신용으로 사라져 갔으며, 댕견은 '꼬리가 없어서 재수 없는 개'라는 사람들의 그릇된 편견으로 멸종 위기에 있습니다. 제줏개 또한 사람들의 도살과 잡종견과의 교배로 순수성을 잃고 멸종 위기에 처했습니다. 그리하여 제주특별자치도 축산진흥원에서는 순종에 가까운 제줏개를 찾아 내 순종 발굴에 힘쓰고 있는 형편입니다.

↓ 제줏개-진돗개와 비슷하나 꼬리를 늘 세우고 다녀요.

과학 4-2의 1단원 '동물의 생김새', 6-1의 5단원 '주변의 생물'과 관련하여 우리 나라 토종개의 종류와 생김새 및 특징에 대하여 알아봅니다.

올빼미 자연관찰 통합교과형
서술 및 논술형 문제 익히기

> *〈올빼미 자연 관찰〉을 통해 익힌 동식물의 생태와 자연 현상을 문제를 풀어 재확인함으로써 사고력·논리력·창의력의 성장은 물론 통합교과형 논술에도 강한 어린이가 될 것이다.

기본형 문제 1

토종개는 오랫동안 우리 나라 기후와 풍토에 잘 적응해 온 개를 말해요. 다음에서 우리 나라 토종개가 아닌 것은 어느 것일까요?

①

②

③

④

서술형 문제 2

추위에 강하고 호랑이를 잡을 만큼 사냥개로 이름을 떨친 토종개가 있어요. 북한의 천연기념물로 지정되어 있는 이 개의 이름은 무엇일까요?

기본형 문제 3

다음은 우리 나라 토종개들이에요. 아래 〈보기〉에서 특성을 찾아 번호로 연결하세요.

제줏개

삽살개

불개

댕견

〈보기〉
① 재수 없는 개라고 사람들의 천대를 받았던 개예요.
② 진돗개처럼 영리하고 사냥을 잘 하는데, 꼬리는 늘 세우고 다녀요.
③ 늑대와 집개의 후손으로 털은 물론 눈, 코, 발톱까지도 붉어요.
④ 털이 길며 이름에 나쁜 귀신을 쫓는 개라는 뜻이 들어 있어요.